VENTE

Du Mercredi 19 Février 1908

HOTEL DROUOT, SALLE N° 10

à deux heures

Porcelaines de Chine

JADES, CRISTAUX DE ROCHE, OBJETS VARIÉS

BRONZES ANCIENS, ÉMAUX CLOISONNÉS

BOIS SCULPTÉS, LAQUES

ÉTOFFES ET ROBES CHINOISES

FOURRURES

COMMISSAIRE-PRISEUR

M⁰ F. LAIR-DUBREUIL

EXPERTS

M. LAURENT HELIOT
M. GEORGES GIACOMETTI

CATALOGUE

DES

PORCELAINES DE CHINE

GRÈS ÉMAILLÉS

Vases, Potiches, Cornets, Jardinières, Flacons à Tabac,
Groupes et Figurines

JADES — CRISTAUX DE ROCHE — OBJETS VARIÉS

BRONZES ANCIENS

Émaux cloisonnés — Émaux de Canton
Bois sculptés — Laques

GROUPES — PANNEAUX — PARAVENTS — BOITES

ÉTOFFES BRODÉES ET ROBES CHINOISES

COUPONS DE SOIE, FOURRURES

Dont la Vente aux Enchères publiques aura lieu

HOTEL DROUOT, SALLE N° 10

Le Mercredi 19 Février 1908, à deux heures

COMMISSAIRE-PRISEUR

Mᵉ F. LAIR-DUBREUIL, 6, rue Favart

EXPERTS

M. LAURENT HÉLIOT	**M. GEORGES GIACOMETTI**
62, rue de Clichy	15o *bis*, boulevard Pereire

EXPOSITION PUBLIQUE

Le Mardi 18 Février 1908, de 2 heures à 6 heures

CONDITIONS DE LA VENTE

Elle sera faite *au comptant*.

Les adjudicataires paieront *dix pour cent* en sus des enchères.

L'Exposition mettant le public à même de se rendre compte de l'état et de la nature des objets, aucune réclamation ne sera admise une fois l'adjudication prononcée.

Paris. — Imp. de l'Art, CH. BERGER et Cᶦᵉ, 41. rue de la Victoire.

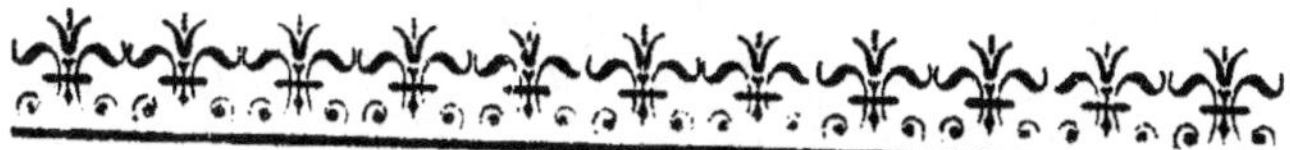

DÉSIGNATION

PORCELAINES, GRÈS ÉMAILLÉS

1 — Grand vase en ancien céladon bleu-empois craquelé, à anses et tubes au col.

2 — Paire de potiches avec couvercles en ancienne porcelaine de la Chine, famille rose, décorées de fleurs et d'oiseaux en couleurs sur fond blanc.

3 — Paire de cornets, fond céladon gaufré, ornés de six médaillons à fleurs et modèles de vases en bleu sur fond blanc. Époque Kang-hi.

4 — Deux grosses potiches lobées, à médaillons ornés de dragons en rouge de fer sur fond vert, représentant des vagues, entourage de rinceaux fleuris; palmes à la base et sur l'épaulement.

5 — Paire de potiches couvertes, à fond rouge de fer vermiculé, médaillons décorés de fleurs et d'oiseaux en émaux de couleurs sur fond blanc.

6 — Grand vase en ancien céladon vert d'eau craquelé, de forme surbaissée et col évasé, anses à têtes d'éléphants.

7 — Potiche avec couvercle, fond céladon uni, décorée d'un prunier en fleurs en bleu et blanc et de bambous. Époque Kang-hi.

8 — Paire de vases carrés avec socles en ancienne porcelaine de la Chine, famille rose, décorés sur les quatre faces de paysages et d'arbres fleuris.

9 — Cache-pot-jardinière, décoré de feuilles et de fleurs de nénuphar.

10 — Vasque, forme sphérique, en porcelaine, décorée en relief de modèles de vases et d'attributs en émaux polychromes sur fond bleu clair. Tâo-kouan.

11 — Petite vasque, forme baquet, décorée sur fond blanc de dragons dans les flammes en bleu. Époque Ming.

12 — Vase céladon vert-d'eau, forme ovoïde, lobé. Époque Kien-lung.

13 — Cornet en céladon bleu-turquoise, décor sous couverte de fleurs et de feuillages. Époque Kang-hi.

14 — Paire de chimères debout en bleu-turquoise et violet. Époque Kang-hi.

15 — Deux crapauds à trois pattes, avec enfants sur le dos, décorés aux trois couleurs. Époque Kang-hi.

16 — Deux petits personnages assis sur rocher, décorés aux trois couleurs. Époque Kang-hi.

17 — Groupe de deux personnages debout sur une terrasse : sujet galant, décor en couleurs. Époque Kien-lung.

18 — Bouddha en ancien céladon blanc-crème, debout sur la fleur de lotus.

19 — Grande divinité en ancien céladon blanc crème, debout sur un rocher.

20 — Grand vase carré, décoré de personnnages et de paysages en bleu sur fond blanc. Époque Kang-hi.

21 — Deux crachoirs avec couvercles, décorés de rinceaux fleuris en émaux de couleurs. Époque Kien-lung.

22 — Grand pitong cache-pot lobé, forme bambou, décoré de personnages en couleurs; anses à mascarons. Époque Kang-hi.

23 — Groupe de deux personnages assis sur un rocher : sujet galant, décor en couleur. Époque Kien-lung.

24 — Quatre bols en bleu fouetté, à rehauts d'or, bordure intérieure à carrelage, avec médaillons à attributs sur fond blanc. Époque Kang-hi.

25 — Deux coupes en ancien céladon bleu-turquoise, en forme de feuille de lotus.

26 — Trois pièces : coupe ronde avec grenouille en relief au centre; encrier réticulé à jour et boîte triangulaire en bleu-turquoise.

27 — Vingt-trois flacons-tabatières en porcelaine de la Chine, décors de couleurs variées. (Sera divisé.)

28 — Quatre petites coupes en porcelaine, variées de formes et couleurs.

29 — Disque rond en porcelaine, décoré de personnages sur fond blanc, encadrement et pied en bois de fer sculpté et ajouré.

3o — Grande divinité émaillée en blanc avec filets dorés, tenant un vase à la main et assise sur un socle formant lotus, en avant duquel sont deux figures d'enfants. Époque Kienlung.

3ı — Personnage portant une pioche, décoré de fleurs et de rinceaux sur fond verdâtre et assis sur un buffle décoré en grisaille, et couché sur un socle en porcelaine, à rinceaux et fleurs sur fond rose. Époque Tâo-kouan.

32 à 37 — Vingt-sept pièces : personnages, divinités, chimères, en grès émaillé de la Chine. (Sera divisé.)

38 — Poussah assis en ancien blanc de Chine.

39 — Deux personnages sur terrasses, tenant sur la tête un plateau porte-lumière émaillé bleu.

40-41 — Huit pièces en porcelaine : vases, pots, coupes, fleur de lotus et appliques.

42 — Vase à panse surbaissée et à long col, décoré de personnages en bleu sur fond blanc. Théière forme gourde en terre de Bocaro.

43 — Bas de cornet, décoré de fleurs et d'oiseaux en émaux de couleurs sur fond blanc.

44 — Grand pitong fond vert, décoré de poissons et herbes marines.

45 — Vase à panse turbinée et à large ouverture, anses à têtes d'éléphants, décoré de fleurs et de rinceaux en blanc sur fond bleu. Époque Kien-lung.

46 — Deux pots à gingembre, décorés de scènes familiales en bleu sur fond blanc.

47 — Deux gargoulettes à long col, décorées de fleurs émaillées en noir sur fond mat.

48 — Gargoulette à long col, à fond noir, décorée d'un prunier en fleurs, rocher et bambou vert.

49 — Rocher en ancienne porcelaine de la Chine, décoré en couleur de pagode, personnages, pont et barque.

50 — Quatre plateaux de forme ovale et ronde, en porcelaine, décorés de fleurs en polychrome.

51 — Vase, forme ovoïde, décoré de fleurs, de rinceaux et d'ornements bouddhiques en bleu et rouge de fer sur fond blanc. Kienlung.

52 — Petit vase, de forme carrée, à col rétréci, ton vert foncé. Époque Yuen.

53 — Personnage grotesque, représentant un guerrier, en ancien grès émaillé vert et jaune. Provenant d'un toit de pagode.

54 — Guerrier assis sur un cheval reposant sur une brique demi-ronde, ancien grès émaillé vert. Provenant d'un toit de pagode.

55 — Dix pièces : petites tasses, coupes, plateaux, encriers, vases.

56 — Quatre petits souliers en grès émaillé de la Chine.

57 — Quatre petites coupes en ancien blanc de Chine.

58 — Deux coupes à sacrifice, anses à dragons, décorées de fleurs de pêcher sur fond vert clair.

59 — Huit flacons-tabatières en porcelaine, à décors variés.

60 — Sept flacons-tabatières en jade, verre et
émail cloisonné.

61 — Dix petits Poussahs en ancien blanc de
Chine et décorés en couleurs.

62 à 64 — Onze divinités en ancien blanc de
Chine. (Sera divisé.)

65 — Huit Bouddhas ou personnages divers, de
décors variés.

JADES, CRISTAUX DE ROCHE

OBJETS VARIÉS

66 — Encrier en cristal de roche rose, en forme
de fruit, avec couvercle, branche de fruits
sculptée en relief; pied en bois.

67 — Petite coupe en cristal rose et fumé; pied
en bois.

68 — Groupe en jade gris jaune : tronc d'arbre
et arbre contre un rocher, avec personnage
et chimère sculptés en relief; pied en bois.

69 — Fleur de cédrat sculptée en jade gris
bleuté; pied en bois.

70 — Tronc d'arbre et bambou en jade gris sculpté ; pied en bois.

71 — Petite coupe, fleur de lotus, en cristal rose et vert.

72 — Quatre anneaux de tir à l'arc en jade vert émeraude, blanc et gris.

73 — Vingt-deux pièces : amulettes et pendentifs en jade blanc et gris sculpté à jour.

74 — Petite boîte avec couvercle en jade vert olive ; pied en bois.

75 — Petite plaque en jade gris, gravée à la pointe et dorée, représentant un paysage ; montée en forme d'écran sur pied en bois de fer.

76 à 80 — Vingt-huit flacons-tabatières en verre de différentes couleurs. (Sera divisé.)

81-82 — Sept flacons-tabatières en jade, cristal de roche et agate.

83 — Quatre boucles de ceintures en argent doré et filigrané, avec plaque de jade émeraude sculptée et autres matières. (Sera divisé.)

84 — Cinq bracelets en jade blanc, gris et noir.

85 — Porte-bouquet en pierre de lard, forme fleur de lotus sculptée. Travail ancien. Pied en bois de fer.

86 — Trois colliers de mandarin dont deux à grain d'ambre, avec boules en lapis, boule et pendeloques en jade émeraude et un à grains d'os sculpté à jour, boules et pendentifs en argent émaillé.

87 — Très bel éventail en bois de santal sculpté, feuille en soie brodée de fleurs et d'oiseaux en couleur. Dans une boîte en laque.

88 — Éventail ancien, monture en écaille, feuille peinte à personnage.

89 à 92. — Seize kakemonos chinois anciens, peints sur soie à fleurs : personnages et paysages. (Sera divisé.)

BRONZES ANCIENS

ÉMAUX CLOISONNÉS, EMAUX DE CANTON

93 — Grand vase carré en ancien bronze de la Chine gravé en creux, à ouverture évasée et arêtes à grecques.

94 — Quatre brûle-parfums en ancien bronze de la Chine, de formes variées.

95 — Neuf pièces en bronze ancien : clochette, six têtes de mort, un crapaud à trois pattes, un vase.

96 — Deux chimères assises sur socle en ancien bronze ciselé et doré.

97 à 100 — Quinze statuettes en ancien bronze de la Chine et huit socles en bronze : feuilles de lotus. (Sera divisé.)

101 — Grand vase en émail cloisonné, fond bleu-turquoise, dessin à arabesques de couleurs variées, bordure de grecque à l'épaulement; anses à têtes chimériques.

102 — Deux boîtes en émail cloisonné de la Chine, avec plaque de jade sculptée et cristal vert sur le couvercle.

103 — Dix petits plateaux, de forme carrée, à coins lobés, en ancien émail de Canton; au centre, médaillons fond blanc, décorés de modèles de vases et d'ustensiles divers.

104 — Petit vase et plateau en bronze niellé.

105 — Boîte carrée, à trois compartiments, en métal blanc, gravé de caractères et d'ustensiles; le couvercle ajouré à treillage est orné au centre d'un médaillon à personnages; pied en bois de fer.

BOIS SCULPTÉS, LAQUES

106 — Grande déesse, debout sur un socle, en bois doré, tenant une fleur.

107 — Cinq personnages en bois sculpté ancien et une boîte en forme de fruit.

108 — Cinq panneaux en bois de fer sculpté sur les deux faces. Provenant d'un lit de repos chinois.

109 — Trois pièces : coupe-grenade en bois noir sculpté, boîtes en ivoire et en écaille.

110 — Grand paravent à cinq feuilles en bois de fer sculpté sur les deux faces.

111 — Petite toilette portative en ancien laque, ornée d'incrustations, à décor de fleurs et de rinceaux.

112 — Huit petites boîtes de formes variées en laque de Chine, décorées de fleurs et d'oiseaux sur fond de couleurs variées.

ÉTOFFES BRODÉES

ROBES CHINOISES, FOURRURES

113 — Grand lambrequin en soie tissée, ancien Gobelins chinois, à fond rouge, représentant le dieu et la déesse de longévité et une suite de nombreux personnages. — Long., 4 m.

114 — Grand panneau en soie, fond bleu foncé, orné de grands dragons impériaux à cinq griffes, brodés en soies de couleurs et fils d'or.

115 — Robe de mandarin en soie, fond bleu
marine, brodée de fleurs et de dragons en
soies de couleurs ; manches à parements de
fourrure. Petit coussin en soie fond jaune
brodé d'or.

116 à 119 — Neuf pièces : paletots, manteaux,
gilets, etc., en soie, doublés de renard blanc,
martre zibeline, avec col en phoque, castor
de mer et autres. (Sera divisé.)

120 à 131 — Douze robes en riches tissus, fine-
ment brodées de fleurs, d'oiseaux et de papil-
lons, en parfait état. (Sera divisé.)

132 à 140 — Important lot de soieries en cou-
pons, pour ameublement ou costumes, en
soie, satin et crépons. (Sera divisé.)

141 à 145 — Lot de diverses soieries : tapis,
coussins en riches tissus, chargés de brode-
ries ; coussins non montés en satin crème, et
oiseaux brodés. (Sera divisé.)

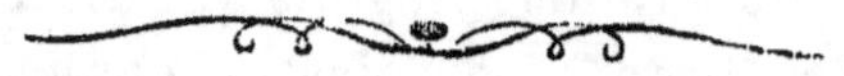